COLONIE MATERNELLE

APPEL

AUX PHALANSTÉRIENS

PAR

Ate Savardan et D. Laverdant.

PARIS,

A LA LIBRAIRIE PHALANSTÉRIENNE,

Quai Voltaire, 25.

1851.

Paris. — Impr. Preve et Ce, rue J.-J.-Rousseau, 15.

COLONIE MATERNELLE.

FRÈRES PHALANSTÉRIENS,

Au milieu de cette Civilisation à l'agonie, une tristesse languissante semble nous gagner nous-mêmes. Nous souffrons, et notre souffrance contrarie et paralyse notre action sur le monde.

Les divisions publiques ont insensiblement divisé ceux-là mêmes qui ont mission de concilier et d'unir.

Le monde a méconnu notre caractère essentiellement pacifique, à ce point de nous décourager et de nous irriter.

D'une part, notre École se trouve englobée dans la proscription générale du Socialisme ; et de l'autre part, nous nous voyons un peu confondus dans cette masse désordonnée des novateurs confus qui s'élancent vers l'avenir souvent par des voies subversives.

Peut-être, comme quelques-uns l'ont cru, a-t-il été bon d'être, un moment, ainsi mêlés dans la foule aveugle et proscrite, afin de pouvoir

conquérir, au feu des persécutions communes,
la confiance nécessaire pour guider ensuite plus
aisément nos frères du peuple dans les voies
lumineuses de la paix.

Mais voici l'heure venue de nous discerner,
de sortir de la confusion, et de nous élever à la
sphère supérieure et religieuse : voici l'heure de
faire cesser les malentendus qui divisent tant
d'hommes de bonne volonté, et de montrer de
nouveau aux partis épuisés le terrain de la con-
ciliation.

Considérant disait, en 1848, à des Représentants du peuple qui lui reprochaient l'attitude
agressive de la *Démocratie pacifique :*

« Messieurs, l'École sociétaire n'a parlé pendant vingt ans qu'aux hommes instruits, à la
bourgeoisie, et elle a poussé l'amour de l'ordre
et de la paix jusqu'à se compromettre aux yeux
des amis de la liberté. Tous nos sacrifices ont
été méconnus dans le camp des conservateurs,
et aujourd'hui encore nos idées de progrès pacifique ne rencontrent en vous qu'une résistance
systématique. Il ne nous est pas possible de
rester immobiles, parce qu'il vous convient, à
vous, de ne point marcher. Votre immobilisme
vous conduit à l'abîme : il faut donc travailler à
vous sauver malgré vous-mêmes. Pour agir,
pour réaliser l'ordre véritable et la paix fraternelle, il nous faut un point d'appui. Ce point
d'appui, nous vous le demandons depuis vingt

ans, et vous nous le refusez; vous nous forcez donc à l'aller chercher en dehors de vous. La Gauche est impatiente, mais elle aspire confusément à un état social plus juste; le pauvre peuple est quelquefois rude et turbulent, mais il est généreux, et il a l'instinct des réformes nécessaires. Nous nous unissons donc à la Gauche, et nous nous appuyons sur le peuple, pour préparer le bien de tous. Vous nous blâmez aujourd'hui, vous nous remercierez un jour. Quand nous aurons obtenu la confiance du peuple, s'il arrive que nous n'usions pas de cette confiance pour sauvegarder vos droits légitimes, pour réconcilier les classes, pour pacifier le monde; si nous ne nous montrons pas *tout à tous*, alors vous pourrez justement nous condamner; jusque-là, trouvez bon que nous allions du côté de la vie, et que nous laissions les morts enterrer leurs morts. L'histoire nous jugera; nous attendrons son jugement avec confiance. »

Ces paroles sont remarquables; elles expliquent l'attitude générale prise par l'École depuis la Révolution. Et, bien que nous puissions, les uns ou les autres, différer d'opinion sur quelques points, apprécier diversement quelques actes de notre vie publique, nous sommes probablement tous d'accord pour reconnaître que la marche politique ainsi indiquée par Considérant était, au fond, naturelle et nécessaire. Après cela, si quelques-uns parmi nous pensent que la mesure a été un instant dépassée, que l'entrai-

nement du cœur a eu son jour d'excès, qu'ils
cherchent en eux-mêmes et autour d'eux, et qu'ils
nous disent, en conscience, quel homme, quel
parti, quelle école, quelle église même, n'a eu,
depuis deux ans, aucune faute à se reprocher.
C'est le cas de se rappeler les uns aux autres la
parole profonde du Christ : « Que celui-là jette
la première pierre, qui est sans péché. »

Pour notre part, nous qui sommes, dans
l'École, au nombre des souffrants, nous croyons
qu'au milieu des conflits inévitables de la décomposition sociale, l'esprit phalanstérien et
chrétien commande aux apôtres de la Vérité
d'incliner de préférence vers le camp où sont
les pauvres et les affligés. Mais cet esprit de
charité et d'harmonie commande surtout de tra-
verser rapidement cette phase de séparation, et
de se hâter dans le travail de la réparation, de
l'édification unitaire.

Suivant la théorie de Considerant, comme les
Phalanstériens ont été les derniers à céder à la
nécessité fatale de la division, ils doivent être les
premiers à se dégager de la lutte des partis, les
premiers à donner l'exemple de la pacification
fraternelle des âmes, les premiers à enseigner
les voies douces et fécondes de l'universelle con-
ciliation.

Or, nous croyons l'heure venue de cette entreprise religieuse ; l'heure, pour nous, de re-

prendre une mission toute de paix et de consolation, d'organisation et d'harmonie. Les partis
égoïstes s'usent de plus en plus dans la confusion, et se décomposent dans la haine. Prépa-
rons-nous donc à faire rayonner sur ce chaos
ténébreux la lumière intégrale de Fourier ; étu-
dions-nous aussi à mêler à cette lumière splendide la flamme de l'amour évangélique. Mettons-
nous à l'œuvre avec une énergie nouvelle ; et
que notre cher frère et digne chef, quand une
politique et plus saine et plus pure le rappellera
de son pénible exil, nous retrouve en pleine ac-
tivité renaissante, et se réjouisse en voyant que,
lui absent, ses amis ont développé ce germe divin de l'Harmonie, si laborieusement cultivé par
lui depuis vingt ans.

Pour pouvoir travailler à la pacification du
monde, il faut d'abord, chers Frères, que la
paix soit au milieu de nous ; pour réconcilier les
hommes, il faut que nous-mêmes soyons récon-
ciliés entre nous ; pour avoir la force d'unir les
cœurs, il faut que nous soyons unis.

Or, il est évident (et il serait puéril de se faire
des illusions et de se voiler ses faiblesses inté-
rieures), il est évident que l'union des anciens
jours est un peu troublée. Pour peu qu'on y
réfléchisse, on concevra que ce malheur acci-
dentel était inévitable.

Si nous aspirons par l'enthousiasme du cœur
et de l'intelligence vers l'Harmonie divine, pourtant mille liens nous attachent encore à la Civi-

lisation ; et dès lors que ce vieux corps se brise et se dissout, en une crise suprême et terrible, il est bien impossible que nous ne soyons pas atteints, emportés et momentanément désunis par ces vastes déchirements. Quand le navire vermoulu, jeté sur les rescifs, a quelque temps talonné parmi les tourbillons de la mer orageuse, il sombre, éparpillant ses débris disloqués. Alors, sur ces ruines flottantes, l'équipage, forcément divisé, lutte éperdu pour échapper à la mort ; et dans ce grand désastre, le pilote lui-même n'est pas épargné. Heureux si, reprenant son sang-froid, il a mis à temps le canot de sauvetage à la mer, et s'il y recueille ses frères naufragés, pour les conduire au port de refuge !

Nous en sommes donc à ce point du Déluge social, où toutes choses passant tourbillonnantes sur l'abîme, il était presque impossible de ne pas se sentir un moment désagrégés. Et, non-seulement nous avions peine à échapper aux atteintes de la décomposition qui s'accomplit autour de nous, mais en notre propre sein s'opérait une fermentation tumultueuse.

L'École sociétaire sent bien en elle le principe de l'Unité universelle, mais elle n'a pas constitué la science dans les sphères de la politique (1), de

(1) Les *Bases de la Politique positive* par Considerant ont admirablement posé et résolu une partie du problème ; mais la grande difficulté politique qui agite la France et l'Europe en ce moment n'y est point éclaircie, la question de la *Constitution* n'y est point traitée.

— 9 —

la métaphysique et de la religion. Elle est indis-
solublement liée par le principe de l'Association
libre, et par la science du *Travail attrayant*; mais
elle a pu, elle a dû voir se produire entre ses
membres des dissidences politiques, philosophi-
ques et religieuses.

Nous croyons fermement que la psychologie de
Fourier et la Loi sériaire serviront puissamment
à la constitution de toutes les sciences, et que
nous serons bientôt *uns* en politique générale et
en religion, comme nous sommes *uns* en science
sociale proprement dite. Mais l'élaboration nécessaire est loin d'être faite, et de là résultent
des séparations dans l'École.

En face de ces difficultés des transitions, que
devons-nous faire, sinon nous ménager les uns
les autres, avec une indulgence toute fraternelle, sur toutes les questions qui n'ont pas encore leur solution scientifique, et nous unir de
plus en plus sur les points de doctrine sur lesquels
l'unanime communion est accomplie depuis
longtemps? Subordonnons (dans tout ce qui est
d'action commune), subordonnons ce qui nous
divise; faisons prédominer ce qui fait notre
ferme lien, notre vieille amitié, notre unité parfaite.

Allons au fond des choses; prenons le titre même
de notre vie et de notre mission :

Que sommes-nous? — Des Phalanstériens.

Que veulent les Phalanstériens? — Réaliser l'Association intégrale dans la Commune.

Quel est l'élément fondamental sur lequel porte l'Association intégrale? — Le *Travail attrayant*.

Quel est le principe de l'attrait dans le travail? — C'est la Liberté intégrale.

Quelle est la loi générale de la liberté industrielle; quel est le type de l'organisation naturelle et divine du Travail? — C'est la *Loi sériaire*, qui est comme le plan de la liberté, le type des harmonies mesurées de l'âme humaine.

Quelle est donc notre mission de Phalanstériens? Qu'avons-nous à faire, pivotalement, en ce monde? — Nous avons à enseigner par la parole, et à démontrer par l'acte, l'efficacité de la Loi sériaire pour réaliser le *Travail attrayant*, d'où naîtront l'Association fraternelle et la transfiguration du monde.

Actuellement, donc, pour faire cesser le malaise qui nous afflige nous-mêmes, et pour agir sur ce monde, qui a soif d'ordre et d'organisation, qui se précipite aveuglément dans la haine et la guerre par impatience d'amour et de paix ou par désespoir, il nous faut reprendre fortement notre tradition, et nous remettre à notre fonction pivotale, un moment troublée par les secousses de la société moribonde ; il nous faut nous rattacher vivement et tendrement les uns aux autres, par la contemplation de ces sublimes harmonies, qui ont la propriété d'adoucir et de rasséréner les cœurs.

Remontons à la source essentielle, et, pour nous servir du langage religieux, retrempons nos âmes dans la Foi, dans l'Espérance et dans la Charité. Laissons à chacun sa liberté sur les choses encore douteuses, prudemment reléguées; mais unissons-nous passionnément sur les vérités certaines pour tous, sur notre Symbole, qui est: *Association libre par l'organisation du Travail attrayant.* Écartons un peu l'inquiétude des mille questions de l'universelle Vérité, pour nous abandonner à l'enthousiasme de l'Espérance, sur ce point particulier de la science par lequel le génie de Fourier nous révèle les harmonies du règne de Dieu sur la terre, et nous entrouvre les parvis du ciel. Dévouons-nous tout entiers, avec l'infatigable patience de la Charité, à l'incarnation de l'Idée nouvelle, à l'éclosion du germe trouvé, germe divin, petite semence dédaignée par les grands savants du monde civilisé, mais dont l'épanouissement splendide concourra bien vite à éclairer les plus hauts problèmes de la Destinée.

N'est-il pas vrai, nos amis, qu'il n'y aurait plus de tiraillements, de tristesses, de langueurs dans l'École, du moment où l'on se sentirait engagés dans l'étude positive du problème de l'Organisation du Travail? — Il est incontestable que c'est là le vœu de tous, vœu profond, ardent, presque maladif.

Mais il est également vrai qu'il existe, parmi nous, des avis très-divers sur le mode de la Réalisation.

Les uns (c'est notre *Gauche* impatiente), les uns voudraient construire à la minute le Phalanstère intégral, et faire mouvoir, comme par un changement à vue, la Phalange avec toutes ses harmonies.

Les autres (ceux de notre *Droite* modératrice) inclinent volontiers à avancer par étapes progressives et lentes, à s'engager même de préférence dans les voies du Garantisme. Parmi ceux-ci, beaucoup espèrent qu'une vive impulsion garantiste, ayant plus de chances d'être suivie par le monde, permettrait la réalisation très-prochaine de l'Association intégrale ; quelques-uns supposent que Fourier s'est laissé emporter trop loin sur les ailes de l'espérance, et que la société humaine, impuissante à franchir les périodes de transition, doit monter les degrés régulièrement, un à un, et n'atteindre à l'Harmonie qu'après des siècles de labeur. Dans ce sentiment, nous en savons qui poussent l'amour de la progression timide jusqu'à dire qu'on ne peut pas éviter la phase de Féodalité industrielle. C'est bien à ceux-ci qu'il est permis d'appliquer la parole du Christ : « O hommes de foi modique ! »

Quoi qu'il en soit, cette disposition existant réellement parmi nos Frères, il ne suffirait pas de la railler et de la condamner ; mieux vaudrait éclairer ces doutes par de bonnes raisons, et mieux encore, essayer d'entraîner nos *conservateurs* dans les champs radieux de l'espérance, et de leur inspirer une foi plus hardie, par une démonstration pratique, à la fois très-prudente et très-concluante.

Nous savons tous quelle est, entre ces deux ailes extrêmes, l'attitude du Centre. Embrasser généreusement et hardiment l'idéal, se préparer à la prochaine constitution de la Commune sociétaire, mais en commençant l'opération par l'essaim enfantin ou *Phalanstérion :* tel a été le système recommandé par Fourier dans ses derniers écrits, et de vive voix ; système adopté par les trois héritiers nommés au testament du savant Maître, Madame Clarisse Vigoureux, Just Muiron et Victor Considerant ; système préconisé et étudié par le Centre (1), consacré par l'approbation solennelle de notre premier Congrès fraternel, en août 1848, et vainement présenté, l'année suivante, par Considerant, à une Assemblée nationale prévenue et peu éclairée.

Cette combinaison mixte est certainement de nature, sinon à passionner ceux de nos amis qui ont pris parti à gauche ou à droite, du moins à leur donner une satisfaction suffisante ; puisque, d'une part, elle tend rapidement au but idéal,

____

(1) Études préparatoires faites par César **Daly**, **Morize** et autres.

et que, de l'autre part, elle procède par progression et avec prudence.

En somme, pour expliquer et concilier les tendances en apparence contraires de nos deux ailes extrêmes, on peut résumer en ces termes généraux le double sentiment de nos Frères :

L'École, dans son ensemble, en fait de Réalisation, voudrait quelque chose à la fois de très-prudent, et d'essentiellement harmonique. Elle voudrait que son navire, arche du salut, pût cingler vers les rives paradisiaques, tout en s'avançant la sonde à la main à travers les rescifs civilisés, et en saluant même ce monde hostile d'un pavillon de paix et d'amitié.

Nous avons vu comment, en 1849, la proposition si loyale, si modérée, faite au nom de l'École, a paru encore énorme et monstrueuse à ce pauvre monde, et a fait reculer ses représentants effarés ; et nous avons pu constater avec douleur que le projet d'un modeste essai phalanstérien n'éveillait que d'assez médiocres sympathies, même dans le parti des démocrates novateurs. Le phalanstère enfantin, c'était encore trop pour la société officielle.

Depuis deux ans, les idées ont marché, et l'on sent de plus en plus qu'*il y a quelque chose à faire*, et qu'il faut se hâter de chercher ce quelque chose. Le moment approche où l'École pourra avec succès renouveler sa mise en de-

meure devant les Pouvoirs, et faire solennelle-
ment l'appel de Réalisation. Pour notre compte,
nous sommes convaincus que des élections de
1852 datera l'ère définitive des travaux organi-
ques et de la renaissance sociale.

Quant au moment présent, l'éloignement de
son chef et de plusieurs de ses membres étant
pour elle une cause d'affaiblissement évidente,
l'École, ce nous semble, n'est pas dans de
bonnes conditions pour convier les hommes à la
grande entreprise. Mais ce qu'elle peut faire
utilement, ce qu'elle doit faire, c'est de rassem-
bler les éléments de l'expérience prochaine, c'est
de se préparer sérieusement à l'acte religieux
qu'elle a charge d'accomplir sur la terre.

Nous venons donc, nos Frères, après avoir
fraternellement consulté Considerant et ses col-
lègues du Centre, et recueilli leur bienveillante
approbation, nous venons solliciter votre concours pour une œuvre modeste, mais sainte,
humble et petite, mais, nous l'espérons, pré-
cieuse et féconde pour le ralliement des cœurs
et des esprits dans l'École. Nous demandons
votre confiance pour entrer sur le terrain pratique par la voie la plus simple et la plus obs-
cure, dans de telles conditions que toutes difficultés sérieuses paraissent aplanies pour les
plus prudents, et que, cependant, les âmes
amoureuses de l'Harmonie se sentent aussitôt
placées devant des faits dignes d'occuper leurs

méditations, capables de les aiguillonner, de les
faire converger, de les unir dans le travail, dans
l'espérance et dans l'amour.

Nous prenons tout simplement deux petites
institutions existantes : la *Crèche* et l'*École
Maternelle (Salle d'Asile)*, vagues esquisses
harmoniques, ébauchées par l'instinct de quelques bonnes âmes. Nous unissons ces deux éléments , aujourd'hui séparés ; et nous transpor-
tons notre petit monde à sa place naturelle, dans
les champs, au milieu des trésors de la Création.

Nous annonçons la modeste et juste prétention
de perfectionner les deux institutions nouvelles,
et de les approprier aux convenances des communes rurales. Puisque les agitations et les
bouleversements font enfin comprendre la nécessité de rattacher les hommes à la vie des
champs, il faut bien étudier les moyens d'offrir
aux populations rurales ces avantages de la
première éducation, jusqu'ici réservés comme
un privilège aux populations urbaines.

C'est là une question tout-à-fait opportune.

Cette double idée : — combinaison de la
Crèche et de l'École maternelle, et leur perfectionnement pour les besoins de la vie rurale, —
nous allons la compléter et l'élever encore par
une idée supérieure , puisée aux sources de la
plus pure charité sociale.

L'œuvre des *Enfants-trouvés* , on le sait, est

l'une des plus saintes qui aient été conçues par le génie du christianisme. Elle vaut une gloire immortelle à son pieux fondateur. Cette œuvre, notre devoir est de la poursuivre, de l'accomplir. Ne faire aujourd'hui, exactement, que ce que fit saint Vincent-de-Paule au xviie siècle, ce serait mal comprendre l'exemple qu'il nous a laissé. Vincent-de-Paule a entrepris, voulant que son entreprise fût continuée; et son âme, assurément, des sphères aromales d'où sans doute elle nous contemple, attend des hommes l'accomplissement de son bienfait.

L'un de nous, Savardan, a publié un travail sérieusement étudié sur la condition des Enfants-trouvés (1), et son livre montre dans quel état

---

(1) *Asile rural d'Enfants-trouvés*; à la Librairie phalanstérienne, quai Voltaire, 25.

Le 15 novembre 1840 le Conseil général de la Seine disait :

« *En ce qui concerne la question de l'amélioration du sort*
« *des enfants, soulevée par le mémoire du docteur Savardan:*
« *Considérant que les mesures dues à la sollicitude éclairée*
« *de l'administration des hospices, sont un heureux pas dans*
« *la voie des améliorations;*
« *Que, malgré les efforts et la surveillance des agents de*
« *cette administration, le sort des enfants placés dans des*
« *familles voisines de l'indigence, où souvent ils sont traités*
« *en étrangers, exploités, excités même à la mendicité et*
« *quelquefois au vol, laisse beaucoup à désirer;*
« *Qu'il importerait d un haut degré de remplacer progres-*
« *sivement, dans des conditions suffisamment économiques, le*
« *système actuel du nourrissage et de la pension, par des*
« *établissements agricoles, où les enfants seraient, jusqu'à*
« *vingt et un ans, soumis à une direction paternelle et éclai-*
« *rée, formés aux travaux de la campagne, et élevés dans la*

2

affligeant sont placées ces pauvres petites créatures, victimes de notre Civilisation vicieuse et cruelle, qui est parvenue à paralyser l'effort de saint Vincent-de-Paule, et à enlever les Enfants-trouvés aux soins maternels des Sœurs de Charité. Savardan conclut à la fondation d'*Asiles ruraux* pour les Enfants-trouvés ; et l'on sait que son projet a été approuvé à l'unanimité, en 1847, par le Conseil général de la Seine.

C'est ce projet que nous reprenons.

Nous voulons faire des Enfants-trouvés le noyau de notre institut. Il nous semble bon que l'École sociétaire, étudiant les conditions de l'Harmonie prochaine, recueille pieusement les êtres que la Civilisation a le plus abandonnés. Il serait beau que ces victimes, les plus sacrifiées, devinssent le premier instrument de la rédemption sociale, et que ce monde impitoyable envers eux leur dût le trésor de la paix et du bonheur. Il serait juste que cette parole de l'Évangile s'accomplît : « La pierre qu'ils ont rejetée est devenue le sommet de l'angle. »

Savez-vous, frères, jusqu'où a été, depuis la Révolution de Février, la sollicitude généreuse,

---

« *pratique des bonnes mœurs ; que déjà les bons résultats de* « *l'Asile Saint-Firmin sont un encouragement.* »

Après ces considérants, le Conseil décidait ainsi à l'unanimité :

« *Le mémoire adressé au Conseil par M. Savardan, sur la* « *création d'un Asile rural pour 400 enfants-trouvés, est ren-* « *voyé à M. le préfet, avec prière de mettre promptement à* « *l'étude le projet contenu dans ledit mémoire.* »

l'explosion de la philanthropie, à l'endroit des Enfants-trouvés? Jusqu'à *proposer* que sur la porte des hospices, aux mots *Enfants-trouvés,* fût substitué le mot *Orphelins !*... (1)

Vraiment ce n'est point assez d'un mot et d'un nom. Il est bien, pourtant, d'avoir senti le besoin d'effacer ce triste nom, qui exprime l'une des plaies et des hontes de la Civilisation ; mais il faut plus encore ; il faut que ces pauvres petits cessent réellement d'être orphelins. Il faut qu'ils trouvent désormais, non la sécheresse administrative à la place de l'amour maternel, non les hasards de la maison du pauvre paysan, non le délaissement qui les mène, pour la plupart, à la prison et au bagne; non : ce n'est point assez. Il faut qu'ils soient recueillis et sauvés, au sein d'une famille harmonienne et chrétienne.

Nos amis bien aimés, et vous surtout, nos sœurs, dont l'esprit moins affairé et le cœur plus doux sont plus prompts aux actes de charité et de tendresse, vous tous qu'unit d'une sainte amitié l'idée grandiose et sublime de Fourier, venez, venez, communions dans un sentiment de charité et de justice harmoniennes.

---

(1) Proposition de M...

Pour être justes, il faut dire que, sur la proposition du docteur Thierry, on avait, un moment, écrit sur la porte du triste asile : *Hospice des enfants de la Patrie.* Mais la chose parut bientôt immorale, et l'inscription fut effacée aussitôt que l'esprit conservateur reprit le dessus.

Nous, que le monde accuse d'irréligion, réparons, au nom de l'amour de Dieu et du prochain, les iniquités de ce monde corrompu. Donnons l'exemple de la réparation, comme l'entendait le grand cœur de Fourier, ce cœur, providence universelle, qui embrassa dans sa sollicitude infinie toutes les classes, tous les hommes, surtout les plus faibles, les plus déshérités ; qui conçut ce règne de la Justice divine, où il n'y a plus de pauvres et de parias, où il n'y a plus de trahisons lâches, de flétrissure et de déshonneur, où il n'y a plus de mères tuant ou rejetant leurs enfants, ni d'enfants à tout jamais privés de père et de mère, et passant sur la terre, infortune suprême! sans avoir été réchauffés et bénis au foyer de la famille.

Amis, que la famille phalanstérienne donne donc l'exemple d'une sollicitude parfaite à l'égard des orphelins rejetés, l'exemple d'une adoption supérieure, plus intime et plus paternelle.

Nous proposons que chacun des groupes de l'École adopte un ou plusieurs Enfants-trouvés de sa localité, et reste chargé de leur entretien dans l'institut que nous allons fonder. Ainsi chacun de ces pauvres petits, outre le foyer de la famille générale dans lequel il sera éduqué, aura sa famille distincte, ses parents d'adoption, vers lesquels nous prendrons soin de ramener toujours son cœur par les liens de la reconnaissance

et de l'amour. Ainsi, chaque groupe de l'École
sera rattaché à notre colonie enfantine, non pas
seulement par la sollicitude générale, mais par
une sollicitude spéciale et par une affection
privée. Ainsi, notre colonie sera profondément,
et de toutes parts, embrassée dans l'École par
l'enchaînement sériaire des sentiments privés
et des sentiments sociaux.

Et tout cela, et cette sainte adoption des ré-
prouvés de ce monde, ce n'est point encore assez
pour nos cœurs. Il faut que la famille phalanstérienne offre, la première, l'exemple de l'Égalité
fraternelle. Il ne suffit pas que nos amis donnent
aux orphelins des pères et des mères, il faut encore que les enfants de nos amis donnent aux
orphelins des frères et des sœurs.

Plusieurs de nos amis, prévenus de notre projet, nous ont annoncé qu'ils voulaient réunir à
nos pauvres Enfants-trouvés leurs propres enfants. Noble et pieuse inspiration ! Qu'ils soient
bénis, ceux auxquels est venue l'idée de ce
plus grand des actes de la Fraternité chrétienne !
Oui, jamais on n'aura vu témoignage de charité plus haute. Saint Vincent - de - Paule a
obtenu du monde que les Enfants-trouvés fussent
ramassés, recueillis, élevés, mais élevés à part,
à côté des ingénus et des légitimes ; et ces mal-
heureux sont restés à l'écart, marqués d'un sceau
de réprobation. Fourier, qui, dans son système
merveilleux d'éducation, révèle, on peut dire, le

génie d'un Newton dans le cœur d'un Vincent-de-Paule, Fourier forcera ce monde à faire rentrer les enfants abandonnés dans la famille agrandie, toute pleine des trésors inépuisables de la fraternité (1).

Voilà donc, amis, l'ensemble de notre projet.

Nos propres enfants fraternellement unis avec des Enfants-trouvés, avec quelques enfants d'ouvriers, de paysans, de domestiques : voilà notre petit monde d'expérience. Toutes les classes se trouvent ainsi représentées dans ce premier essaim unitaire.

Ces enfants, envoyés de nos diverses provinces, représentent, en outre, toutes les variétés de la race française. Et plus encore; nous demandons à nos amis d'Angleterre, d'Italie, d'Espagne, de Suisse, de Belgique, d'Allemagne, d'Amérique, de l'Algérie, de nous envoyer des représentants de leurs races diverses. Ainsi, nous voulons avoir comme un sommaire de la famille humaine, afin que toutes les races con-

---

(1) Beaucoup de parents, tout en approuvant l'esprit de ce projet, ne seront pas disposés à nous confier leurs enfants, puisqu'il faudrait s'en séparer. Rien n'est plus légitime ; et nous savons bien que personne, dans l'éducation ne peut suppléer les influences de l'amour maternel ; et nous savons aussi que toute mère a besoin d'avoir son enfant sous ses yeux. Il suffit, pour que notre idée ait son accomplissement, que quelques pères veufs, ou quelques parents, libres de venir habiter auprès de nous, consentent à confier leurs enfants à notre sollicitude dévouée.

courent sympathiquement à nos essais ; afin que l'idée de la paix et de la fraternité universelle fleurisse, en quelque sorte, sur le berceau de nos enfants ; afin que Dieu bénisse dans notre petite œuvre l'Humanité déjà unifiée par le désir (1).

C'est sur cette petite famille, formée dans des sentiments d'affection fraternelle et d'unité religieuse, que nous expérimenterons, dans la mesure de nos ressources, les méthodes de l'ordre sériaire, appropriant à ces forces naissantes tous les travaux de la culture et de la manufacture.

Tout préoccupés de satisfaire la double tendance manifestée dans l'École : d'une part, nous nous plaçons, vous le voyez, dans les conditions les plus prudentes et les plus réservées ; nous allons en quelque sorte prendre les *civilisés* chez eux, et nous entrons nous-mêmes dans leurs institutions connues, pour pouvoir, par ce chemin battu, les forcer à leur tour d'entrer aux champs harmoniens ; — et de l'autre part, pour répondre aux aspirations supérieures, nous allons tout d'abord aborder en plein l'étude des procédés sériaires, et réunir tous les éléments d'une harmonie miniature.

Où trouver mieux pour nous distraire des

---

(1) La présence de quelques enfants étrangers, de six à huit ans, nous permettra de faire apprendre en jouant à nos enfants les langues vivantes.

conflits politiques, et nous calmer, et réunir nos cœurs, qu'une œuvre pratique, un naïf essai d'éducation maternelle? Cette contemplation tant souhaitée de la Vérité divine, comment mieux nous la donner et mieux en jouir, qu'en ramenant nos esprits à cet infiniment petit d'une esquisse d'éducation unitaire-intégrale, à l'expérience sereine du travail attrayant parmi les plus petits enfants, germe d'où jaillira la vie dans sa splendeur, grain de séuevé qui deviendra un arbre immense, ombrageant tous les oiseaux du ciel et leurs doux concerts?

L'enfant (c'est une thèse à développer, thèse charmante et sublime), dans l'état normal de notre planète, *titrée en Amitié*, dans les périodes harmoniques, l'enfant devient le RÉVÉLATEUR PERMANENT DE LA DESTINÉE. Ainsi s'expliquent la sollicitude toute particulière de Fourier à l'égard de l'enfance, et l'importance spéciale donnée au traité de l'éducation dans le livre de l'*Unité universelle* ; ainsi s'expliquent le caractère royal attribué aux Petites Hordes, type de dévouement amical, et ce nom étrange : *ombre de Dieu!*.. Et par un accord mystérieux qui, chaque jour, pour notre part, nous frappe davantage, nous voyons que le Christ avait la même singulière préférence pour les enfants, et qu'il les recommande, en quelque sorte, au respect des hommes de son temps comme des êtres privilégiés et voisins de Dieu.

« Béni soyez-vous, mon Père, disait-il, qui
« avez caché ces choses aux savants, et les avez
« révélées aux petits. »

« Quiconque reçoit un de ces enfants, me
reçoit. »

« Laissez venir à moi ces petits, *et ne les em-
péchez*, car le royaume de Dieu est à ceux qui
leur ressemblent. »

« En vérité, je vous le dis, quiconque ne re-
cevra pas le royaume de Dieu *comme un enfant*,
n'y entrera pas. »

« Si vous ne devenez comme les petits enfants,
vous n'entrerez pas dans le royaume des cieux. »

« Veillez à ne dédaigner aucun de ces tout
petits ; car, je vous le dis, leurs Anges voient
sans cesse la face de mon Père céleste. »

Et non-seulement le génie par excellence
de la Charité, cette lumière du cœur, Jésus-
Christ (1), l'Amour vivant, semble nous révéler,
en ses termes voilés, que l'enfance est éminemment douée, et marquée d'un sceau divin ; et non-
seulement le génie même de la science, Fourier,
voue à l'enfance la part la plus accomplie de ses
méditations sublimes, et lui confie la plus haute
fonction du travail religieux : mais encore le bon

____

(1) Peu importe ici la manière différente de consi-
dérer la figure du Christ : Fils unique de Dieu, ou pro-
phète inspiré, ou simple philosophe, il n'en est pas
moins, pour tout esprit impartial, l'âme la plus pure,
la plus douce et la plus tendre.

sens populaire nous dit dans tous les siècles de l'enfant, qu'il *est plus près de la nature*.

Si l'enfant est plus près de la nature, s'il est reflet de Dieu, si l'attrait, en lui, vient directement de Dieu, du moment où nous allons étudier l'enfant avec déférence, et le suivre avec docilité, nous ne pouvons manquer de voir des merveilles.

Et en expérimentant dans la première éducation la méthode de Fourier, nous allons être immédiatement conduits à un fait capital. Ce fait, c'est la mise en relief de la femme, laissée jusqu'ici trop à l'écart, et maintenue dans un état de passivité déplorable. Or, du consentement même des Civilisés, l'éducation du premier âge est abandonnée aux femmes; et les deux institutions, Crèche et École maternelle, restent sous leur direction. Par ce point obscur, les femmes viennent d'entrer dans la vie publique, fait considérable, dont nos hommes politiques sont loin d'avoir compris la portée et prévu les conséquences.

Nous allons donc, Frères phalanstériens, convier la femme, non point, comme a fait le monde, par hasard, par entraînement aveugle, ou cédant à la nécessité, mais dans un sentiment de conscience profonde, par respect réfléchi de l'intelligence féminine, nous allons convier nos sœurs à venir travailler au grand œuvre.

Si deux hommes s'offrent d'abord à vous pour

procéder à l'établissement premier, c'est parce que deux de nos sœurs, âmes éminentes, douées d'une haute capacité et d'une aptitude spéciale, ne peuvent pas, ne doivent pas s'engager en ce moment, par des raisons capitales ; c'est aussi, sans doute, parce qu'il est dans l'ordre de la Providence que l'homme prenne les devants et prépare ce que la femme doit accomplir, que l'homme défriche le sol, où, par les soins de sa compagne, s'épanouira la fleur embaumée.

Nous entreprenons donc l'œuvre, convaincus que *le monde sera sauvé par les enfants guidés par les femmes*, et, conséquemment, tout pleins de pieuse déférence envers l'enfant et de profond respect envers la femme, et tout prêt à effacer peu à peu, dans l'éducation, notre domination *majeure* devant l'inspiration du génie *mineur*, plus sagace, plus délicat et plus tendre.

Nous vous offrons notre zèle et tout l'effort de nos deux bonnes volontés intimement unies entre elles. L'un de nous, Savardan, médecin, homme pratique, ayant administré avec fruit, pendant quinze ans, une grande exploitation rurale, se chargera plus spécialement de l'administration positive, agricole, industrielle et financière. L'autre, Laverdant, ayant pris son brevet d'instituteur du premier degré, répondra plus spécialement de l'éducation.

Tous deux, étant mariés, auront le bienveillant et précieux concours de leurs familles.

Il est entendu que cette petite œuvre sera faite sous notre responsabilité privée, que le concours donné par nos Frères n'affectera aucune forme solennelle de nature à engager le Centre de l'École, ou à compromettre la Théorie de Fourier.

L'École n'entreprend rien devant le monde; et nous-mêmes nous ne songeons à faire ni un Phalanstère, ni un Phalanstérion. Nous essayons simplement de prouver aux gens de bonne volonté que les principes et les méthodes de Fourier peuvent amener à un perfectionnement de la Crèche et de la Salle d'asile.

Entre nous et pour nous, Phalanstériens, ce sera un petit champ d'expériences et d'études, où nous chercherons à confirmer par la pratique la conviction déjà faite dans notre intelligence; où nous procèderons au développement de quelques fonctionnaires, qui, ainsi préparés, seront aptes à rendre des services meilleurs et plus prompts dans la première Phalange organisée.

Notre Colonie maternelle sera une *pépinière d'attente*.

Nous allons cultiver, soigner, dégrossir pour l'Harmonie, nos petits enfants déjà plus ou moins plongés dans cette Civilisation, qui altère et fausse si promptement les jeunes âmes par la négligence et par la contrainte. Le jour venu de l'édification du Phalanstère, nous transplanterons notre petite famille, et nous espérons que, grâce aux études et aux soins antérieurs, nous pourrons presque immédiatement, ou du moins plus promptement, appeler le monde à venir contempler des tableaux d'Harmonie.

Si nous avons réussi dans notre objet spécial, lorsque l'École renouvellera ses démarches devant l'Assemblée nationale et fera son appel au public, elle pourra présenter notre esquisse comme un titre à la confiance. Elle dira : Voyez : nous avons fait seuls un effort de travail et de dévouement ; nous avons prouvé dans la pratique la fécondité de nos idées ; nous avons perfectionné la Crèche et la Salle d'asile. Donnez-nous donc les moyens de continuer nos études et d'accomplir l'expérience du *Travail attrayant*.

Et cette petite œuvre recommandera l'École sociétaire au monde, non pas seulement par l'efficacité prouvée de ses méthodes, mais aussi par son caractère élevé et religieux.

Dans le réseau des préjugés et des défiances qui nous enserrent et nous font obstacle de toutes parts, n'est-il pas déplorable que nous rencontrions, non-seulement les sceptiques et les égoïstes, mais encore beaucoup d'âmes charitables et religieuses ? A ces bonnes âmes, l'ignorance est parvenue à faire accroire que nous voulions fonder le règne d'on ne sait quelle licence scandaleuse, d'où la religion serait ban-

nie, et où l'homme, livré aux jouissances gros-
sières, et régi par le *code de la brute*, rejetterait
avec mépris tous les liens du devoir et du dévouement, toutes les affections pures et religieuses.

Il faut faire cesser au plus tôt cette erreur affli-
geante, qui perpétue les conflits, et semble
devoir précipiter l'un sur l'autre, dans une
guerre fanatique et sauvage, le monde des socia-
listes et le monde religieux.

Prouvons, par un fait visible et tangible, que
nous savons concevoir et exécuter des actes de
dévouement, de fraternité et de paix, et que nos
cœurs s'inspirent véritablement à la source
divine de la Charité.

Ce que nous proposons de faire devant le
monde (l'adoption collective et intime des Enfants-trouvés, et leur union avec nos propres
enfants), c'est le développement de l'œuvre de
saint Vincent-de-Paule dans le sens le plus évangélique; et cet acte, nul, parmi les plus fidèles
chrétiens, ne l'a encore conçu, ou du moins, si
de grands cœurs ont aspiré à cet idéal fraternel,
nul ne l'a encore pratiqué, nul ne l'a présenté
au monde. Notre Colonie maternelle, fondée sur
ce plan, c'est la démonstration nette et claire de
cette vérité : qu'il n'y a rien de plus essentiellement fraternel et unitaire, évangélique et chrétien, que la doctrine de Fourier; c'est la preuve
faite que les disciples s'inspirent à la source du

génie le plus religieux qui ait parlé dans l'humanité depuis dix-huit cents ans.

Alors tomberont les défiances, et disparaîtront les préjugés. Alors les prêtres sincères, les pauvres bons curés de campagne, verront qu'on les a trompés, et ils cesseront d'entretenir autour d'eux une réserve inquiète contre nous. Alors les femmes, plus rassurées, examineront nos doctrines. Et toute femme qui écoutera avec douceur et impartialité l'exposé du système d'éducation de Fourier, passera, on le sait bien, dans notre camp. Et toute femme qui verra des enfants élevés selon nos méthodes de liberté harmonieuse, d'attrait et d'amour, versera des larmes de bonheur, et sentira que là est le germe de cette *Révélation de la Révélation*, annoncée au début de ce siècle, par un vaste esprit religieux. Alors le monde sera converti et conquis, et la transformation s'accomplira comme par enchantement; car il est écrit dans la sagesse proverbiale des nations : Ce que femme veut, Dieu le veut !

Allons, nobles et bien aimés frères, vous qui avez l'honneur d'être montés les premiers sur la brèche pour attaquer ce vieux monde des morts, en avant, en avant ! Un pas encore dans la voie de la conquête et du triomphe ! Confions-nous à tout ce qu'il y a de plus petit, de plus humble et de plus misérable, l'enfant, l'Enfant-trouvé, l'enfant proscrit. La pierre rejetée deviendra le sommet de l'angle ; la plus petite des semences donnera bientôt pour tous l'ombrage rafraîchissant.

Tandis que les partis semblent prêts à s'entre-déchirer, nous, ouvrons nos bras pleins d'amour, et pressons sur nos cœurs la plus innocente victime de ce monde subversif. Unissons-nous dans cet acte de sainte charité. Oublions nos propres divisions. En faisant cet acte de fraternité, de pacification, de consolation du pauvre Enfant-trouvé, nous sentirons l'amour, la paix et le bonheur descendre en nous, émanés de Dieu même.

VOIES ET MOYENS.

I. — LIEU D'ÉTABLISSEMENT.

Le choix du lieu où notre épreuve devrait être tentée a été pour nous, pendant quelque temps, un sujet d'irrésolutions.

La question d'économie et de développement agricole nous portait à nous établir à une certaine distance de Paris, à La Chapelle-Gaugain, par exemple.

Le désir de faire de notre école, par double emploi, une école de colonisation, et de lier, en quelque sorte, notre œuvre à celle déjà entreprise par beaucoup de nos amis en Afrique, nous avait fait jeter les yeux sur les bords de la Méditerranée.

Mais nous nous sommes souvenus que le voisinage d'un grand centre de population, et surtout de Paris, nous avait été trop particulièrement recommandé par notre Maître, pour que ce lieu d'élection ne fût pas l'objet de notre préférence.

Là, d'ailleurs, tout en conciliant aussi nos convenances personnelles, nous sommes sûrs de trouver, dans toutes les branches des connaissances humaines, parmi nos amis phalanstériens, des ouvriers, des artistes, des savants et des professeurs, dont la sympathie et le concours nous seront éminemment profitables.

Là, enfin, nous serons près du centre de l'École, à qui nous devons la propagation, la vulgarisation non encore terminée de la science, et à qui nous devrons des conseils et un concours inappréciables.

II. — DURÉE DE L'ÉPREUVE.

Notre but actuel est de mettre en pratique et de manifester au monde cette vérité découverte par Fourier : « Que l'éducation et le travail « peuvent toujours être un objet d'attrait, et don- « ner ainsi des produits beaucoup plus considé- « rables et beaucoup meilleurs que par la com- « pression, la contrainte, la répression, la fatigue « et le dégoût ; » et nous croyons que trois années et deux cents enfants de 0 à sept ans suffisent, sinon à une démonstration complète de cette théorie, du moins à un grand commencement de preuve devant lequel devront s'évanouir tous les doutes intelligents et consciencieux.

Vers la fin de la troisième année, un grand jury sera appelé à vérifier nos travaux, et à décider de leur avenir.

III. — CONSTITUTION FINANCIÈRE.

Nous bornons donc à ce temps notre première période, et nous désirons que notre constitution financière ne se fonde pas, quant à présent, pour une plus longue durée.

Or, nos dépenses étant, conformément à l'état ci-joint, évaluées :

1° En constructions additionnelles, approximativement à. . . . . 50,000 fr.

2° En mobilier à 55,000

5° Et en dépense annuelle à. . 65,000

Soit pour la première année, fr. 150,000 (1)

Et, pour les deux années suivantes, ensemble 150,000

Ou enfin pour les trois années réunies. . . . . 260,000 fr.

Nous croyons qu'il faut créer huit cents actions, de 525 fr. chacune, payables en trois ans, savoir : moitié ou 162 fr. 50 c. par action, la première année ; et le reste, en deux autres années, à raison de 81 fr. 25 c. pour chacune d'elles.

Nous croyons encore qu'il faut pouvoir, au besoin, diviser ces actions en coupons de 5 fr., payables à raison de 2 fr. 50 c. la première année, et de 1 fr. 25 c. pour chacune des années

------

(1) Nous portons en compte ce chapitre des constructions, afin de présenter, dès aujourd'hui, à nos amis les dépenses au *maximum* possible. Nous cherchons et nous espérons trouver un local assez vaste pour contenir notre petit monde, et n'exigeant que peu de frais d'appropriation.

suivantes, afin que l'œuvre soit accessible à tous les dévouements.

Nous proposons, en outre, de décider que toute personne, ou tout groupe qui aura souscrit quatre actions s'élevant à 1,300 fr., aura le droit de faire élever un enfant à la colonie, pendant les trois années, en son nom et à son choix (1).

Cette proposition et ce chiffre sont justifiés par le résumé suivant :

Notre épreuve doit se faire en trois ans avec deux cents enfants, et notre dépense doit s'élever à 260,000 fr., ce qui donne 1,300 fr. par enfant.

Il doit être sous-entendu que, si le nombre des souscriptions dépassait huit cents, le surplus serait mis en réserve, au moyen de placements, au fur et à mesure, à la Caisse d'épargnes, pour être employé, à partir du commencement de la seconde année, à remplacer les enfants qui passeront de la crèche à la salle d'asile, et à main-

----

(1) Ceux des souscripteurs de quatre actions qui prendraient un enfant-trouvé pour objet de leur acte de bienfaisance, toucheraient de l'administration des hospices les subventions accordées par cette administration, et pourraient ainsi alléger leur sacrifice. — Si c'est nous, au contraire, qui, avec le produit des souscriptions partielles, allons compléter le nombre de nos enfants à l'administration des hospices, les subventions de cette administration entreront dans la caisse de la colonie.

tenir ainsi au complet les quarante berceaux dont se composera notre première division.

Enfin, si le nombre des souscriptions allait encore au-delà, le conseil d'administration de la colonie aviserait ou à augmenter le nombre des colons, ou à augmenter leur bien-être en toutes choses, ce qui sera longtemps possible sans sortir des bornes de la modération.

IV. — CONCOURS DE NOS AMIS.

Le concours de nos amis dans notre constitution financière est, sans aucun doute, une condition capitale; mais nous sommes loin de borner là ce que nous espérons, ce que nous attendons de leur sympathie et de leur dévouement pour notre œuvre.

Nous les appelons donc :

1° A nous aider dans le choix de tous les agents qui nous seront nécessaires; à chercher avec soin, parmi les intelligences et les cœurs dévoués qui les entourent; à n'oublier aucuns détails sur les caractères, les sentiments et les habitudes, car de notre personnel dépendent entièrement les premiers succès ou les revers de notre œuvre.

2° Nous les prions de ne point perdre de vue que nous n'avons, quant à présent, que trente-huit collaborateurs à nous adjoindre dans la colonie, et qu'il serait injuste de nous en vouloir à l'occasion de ceux qui, nous ayant été recommandés, n'auraient pu être l'objet de nos premiers choix. Nous pourrons commettre des erreurs dans nos appréciations ; mais c'est là d'abord une question de liberté, puis d'examen, d'épreuve, et enfin de rectification, s'il y a lieu.

Nos statuts constitueront, d'ailleurs, un Conseil d'administration dans lequel tous seront appelés à se faire représenter, et dont les décisions donneront toutes les garanties que doit offrir notre administration.

3° Nous les prions encore de ne point oublier toutes les difficultés qui nous entourent :

Difficulté de composer et de diriger un personnel que l'économie nous oblige de réduire au plus strict nécessaire, et dont toutes les forces doivent, sous peine d'échouement, se multiplier par la foi et le dévouement jusqu'à l'abnégation ;

Difficulté de créer, sur un mode provisoire, tous les services en vue d'une organisation qui n'a point encore de modèle ; — avoir tout à étudier, matière et intelligence, et être forcés de nous renfermer dans le cadre de la Crèche-Asile, et de spéculer, à la fois, immédiatement, sur deux cents enfants (trop, ou trop peu, peut-être), pris à un âge entièrement improductif, plus accessible que tous les autres aux influences morbides, et qui, jusqu'à présent, a fourni la plus grosse part aux infirmités de toute nature et aux tables de mortalité ;

Difficulté, enfin, dans les pratiques de la science qui doit nous servir de règle ; car la science est loin encore d'avoir tout expliqué, ni tout indiqué, et, peut-être même, loin d'avoir tout prévu et tout découvert.

4° Nous les appelons aussi à favoriser de tous leurs soins les relations que nos travaux d'éducation, de ménage, d'agriculture, d'industrie et de commerce pourront, plus tôt ou plus tard, nous rendre utiles.

5° Nous comptons sur leur zèle pour propager la souscription que nous aurons tous consentie, et pour en assurer le recouvrement régulier.

6° Nous attendons d'eux, encore, un **choix** attentif des enfants qui nous seront confiés : le mode d'éducation que nous devons employer aura le pouvoir, nous le savons tous, de rectifier beaucoup de choses, de remédier à bien des maux ; mais ne jouons pas avec les difficultés qui seront encore trop grandes pour nous, peut-être, malgré les conditions et les matériaux les meilleurs.

7° Enfin, ce que nous attendons de tous ceux qui ont de la sympathie pour notre œuvre, c'est que, partout où cela sera possible, ils se constituent, soit en comités, soit isolément, à l'état de correspondants et d'agents de la Colonie maternelle, avec la volonté passionnée de ne **pas** faire de ces titres une sinécure.

Et nous, qui sommes remplis d'une foi vive, mais qui craignons notre insuffisance, nous serons toujours prêts à devenir les auxiliaires de ceux qui, pénétrés comme nous de la nécessité pressante d'une mise en œuvre, auraient la vocation de s'y sacrifier, et y seraient appelés, comme nous le sommes aujourd'hui, par le vœu de nos Frères.

A. SAVARDAN.

D. LAVERDANT.

Adresser le plus tôt possible les réponses à SAVARDAN, à La Chapelle-Gaugain (Sarthe);

Ou à LAVERDANT, rue de l'Arcade, 55, à Paris.

200 Enfants à 325 fr. de pension. — 65,000 fr. **COLONIE MATERNELLE. — ÉTAT DE DÉPENSES.** 40 Grandes Personnes.

INDICATIONS.	ADMINISTRATION GÉNÉRALE. — Cinq personnes.	CRÈCHE. — 40 enfants de 0 à 2 ans et 6 grandes personnes. (a)	SALLE D'ASILE. — 160 enfants de 2 à 7 ans et 10 grandes personnes. (b)	MANUTENTION DES VIVRES. — Cinq personnes. (c)	VESTIAIRE, LINGERIE, BLANDERIE. — Cinq personnes. (c)	ÉCONOMAT. Magasins, Garde-Meuble. (Femme de charge)	AGRICULTURE. JARDINAGE. — Une personne. (d)	ATELIERS DIVERS. Quatre vieillards surveillants. (e)	INFIRMERIE et PHARMACIE. — Trois personnes	TOTAUX de chaque espèce de dépenses.	OBSERVATIONS. (f)
	fr.	fr.	fr.	fr.	fr.	fr.	fr.	fr.	fr.	fr.	
I. DÉPENSES D'INSTALLATION.											
Bâtiments : Constructions, appropriations	»	»	»	»	»	»	»	»	»	Pour Mémoire.	Question de lieu ; mais probablement pas moins de 30,000 fr.
Mobilier	3,000	3,000	8,000	2,500	2,000	500	5,000	10,000	1,000	35,000	
II. DÉPENSES ANNUELLES.											
Directeurs ou chefs d'emploi	Pour Mémoire (1)	250	600	300	200	300	400	»	200	2,250	2 directeurs, 1 directrice et 6 chefs d'emploi.
Sous-directeurs ou sous-chefs	»	200	900	200	150	»	»	»	150	1,600	2 sous-directrices et 4 sous-chefs d'emploi.
Agent comptable	600	»	»	»	»	»	»	»	»	600	
Employés : Services des chambres, des tables, du bureau	300	500	900	300	300	»	»	200	100	2,600	24 employés.
Nourriture du personnel d'administration	1,533	1,314	2,354	1,095	1,095	219	219	876	657	9,362	En moyenne, 0 f. 64 c. 111 par personne et par jour.
Nourriture des enfants	»	3,650	20,440	»	»	»	»	»	»	24,090	En moyenne, 0 f. 33 c. par enfant et par jour.
Vêtements	»	1,200	4,800	»	»	»	»	»	»	6,000	En moyenne, 30 fr. par an ou par jour 0 f. 08 c. 219.
Blanchissage	125	650	2,600	150	85	16	16	65	60	3,767	En moyenne, 15 f. 69 c. 583 par an, ou par jour 0 fr. 04 c. 300.
Éclairage	250	200	400	150	100	15	15	200	60	1,390	En moyenne, 5 f. 79 c. 166 par an, ou par jour 0 fr. 01 c. 586.
Chauffage	350	400	800	400	200	»	»	200	100	2,450	En moyenne, 10 f. 20 c. 833 par an, ou par jour 0 fr. 02 c. 796.
Frais de bureau, correspondance, voyages	450	10	50	10	15	10	10	15	5	575	
Locations diverses	500	200	900	200	200	100	300	500	100	3,000	Question de lieu.
Entretien des bâtiments, y compris l'assurance	50	50	150	15	10	5	20	95	5	400	Idem.
Entretien du mobilier, y compris l'assurance	150	300	900	250	200	25	500	1,025	100	3,450	
Service médical	»	»	»	»	»	»	»	»	»	Pour Mémoire (2)	
Instruction religieuse	»	»	»	»	»	»	»	»	»	id.	L'instruction donnée par le prêtre ne commence qu'après sept ans.
Dépenses indéterminées	»	250	1,100	150	150	»	700	1,000	116	3,466	Musique, gymnastique, travailleurs auxiliaires, gratifications, encouragements, évènements imprévus.
Totaux des divers services	4,308	9,174	36,894	3,220	2,705	690	2,180	4,176	1,653	65,000	En moyenne, par chaque enfant et par jour, 0 fr. 89 c. 041.

(1) Nous pouvons et nous voulons, tous deux, donner, sans appointements, notre dévouement à l'œuvre.

(a) Cinq berceuses, sous la direction de la première, auront chacune à soigner quatre enfants au berceau, et quatre d'un an.

(b) Les soins de l'éducation seront partagés entre la directrice et deux sous-directrices. — Chacune des sept femmes de service aura vingt-trois enfants à soigner.

(c) La cuisine et la lingerie emprunteront, au besoin, les secours des employés de la salle d'asile, des ateliers et de l'infirmerie, qui ne seront pas continuellement occupés dans leurs services. Du reste, ces emprunts seront réciproques, la Crèche et la Salle d'asile pouvant en avoir souvent besoin le matin et le soir.

(2) Il en sera, pour le service médical ordinaire, comme pour les appointements des directeurs de l'administration.

(d) L'agriculture, proprement dite, suffit, au moins, à ses dépenses ordinaires. Nous ne portons donc en compte que des subventions présumées nécessaires à l'enseignement.

(e) Nous ne portons pas en dépense les appointements des divers chefs d'ateliers. Leur travail doit couvrir les frais de leur enseignement.

(f) Nous ne comprenons point, dans cet état, certains services productifs, tels que la vacherie, la laiterie, la fromagerie, etc., qui, comme l'agriculture et l'enseignement industriel, doivent, au moins, faire leur frais.